Großmutters beste
BLECHKUCHEN

Bassermann

Inhaltsübersicht

Wissenswertes

Rezepte

Butterkuchen, Eierschecke und Co.

Von Apfelkuchen bis Zwetschgendatschi

Käsekuchen, Donauwellen und andere Klassiker

RICHTIG GUT BACKEN

DAS RICHTIGE BLECH

Zur Grundausstattung eines jeden Herdes gehören ein bis zwei Bleche sowie eine Fettpfanne, ein Blech mit höherem Rand. Die Fettpfanne benutzt man für Kuchen, die beim Backen noch aufgehen oder später mit Obst oder Sahne belegt werden.

Bleche gibt es in verschiedenen Materialien. Die gängigsten sind schwarze Emaillebleche. Sie sind für Heißluft und Ober- und Unterhitze am besten geeignet. Für Gasherde sollten Sie besser Aluminiumbleche nehmen. Zudem gibt es noch Bleche aus feuerfestem Glas. Sie leiten aber die Wärme nicht so gut, wodurch sich die Backzeit erhöht. Praktisch sind ausziehbare Bleche, die Sie in guten Haushaltswarengeschäften kaufen können. Diese haben den Vorteil, dass Sie bei Bedarf nur ein halbes Blech backen können.

Fetten Sie das Backblech immer ein. Dafür eignet sich am besten weiche Margarine oder Butter. Sie können jedoch auch Öl verwenden. Alternativ dazu kann man das Blech mit Backpapier auslegen.

MESSEN UND WIEGEN

Backen ist im Vergleich zum Kochen eine Maßarbeit. Die Zutaten müssen abgewogen und abgemessen werden, damit sie im richtigen Verhältnis zueinander stehen. Zum Abmessen eignet sich ein Messbecher mit entsprechenden Skalierungen für Mehl und Zucker. Wenn Sie oft backen, empfiehlt sich die Anschaffung einer Küchenwaage. Ideal ist eine Waage, die auf fünf Gramm genau ist. Eine Waage mit Waagschale, die Sie auch als Rührschüssel nehmen können, ist nützlich, aber nicht zwingend notwendig.

NACH DEM BACKEN

Lassen Sie die Blechkuchen auf einem Rost auskühlen, da sich sonst zu viel Flüssigkeit bildet und der Kuchen durchweicht. Käsekuchen nach dem Backen langsam abkühlen lassen. Dafür den Kuchen entweder über Nacht im ausgeschalteten, geschlossenen Ofen abkühlen lassen oder die Tür nach dem Backen nur leicht öffnen.

IM DIESEM BUCH VERWENDETE ABKÜRZUNGEN

Msp. = Messerspitze

TL = Teelöffel

EL = Esslöffel

g = Gramm

kg = Kilogramm

ml = Milliliter

l = Liter

Min. = Minute

Std. = Stunde

NÜTZLICHE HELFER BEIM BACKEN

Elektrisches Handrührgerät/Küchenmaschine
Sie helfen den Teig in Form zu bringen. Mit einer Küchenmaschine kann man nicht nur den Teig rühren, sondern auch Nüsse mahlen oder Äpfel raspeln.

Mehlsieb
Durch das Sieben von Mehl, Backpulver oder Kakao wird der Teig locker. Mit einem Mehlsieb können Sie die Zutaten direkt in die Rührschüssel sieben.

Teigroller
Es gibt sie aus Holz, Marmor oder Edelstahl. Besonders praktisch für Blechkuchen sind kleine Handteigroller, mit denen Sie den Teig bis in die Ecken des Blechs ausrollen können.

Spritzbeutel
Spritzbeutel sind für das Verzieren von Kuchen unentbehrlich.

Backpinsel
Er wird zum Einfetten des Blechs verwendet. Alternativ können Sie das Blech mit einem Backpapier auslegen.

Teigschaber
Mit ihm können Sie die letzten Teigreste aus der Schüssel kratzen sowie Teig oder Sahne glatt streichen.

KUCHEN AUF VORRAT

Blechkuchen lassen sich gut auf Vorrat einfrieren. Sie können sowohl den rohen Teig als auch jeden fertigen Kuchen im Tiefkühlfach frisch halten. Frieren Sie Teig in Form von flachen Platten ein. So lässt er sich schnell auftauen. Fertige Kuchen können Sie portionsweise in Gefrierbeutel, besser noch in Gefrierdosen verpacken. Guss oder Glasur aber immer erst nach dem Auftauen auftragen. Stellen Sie den Kuchen zunächst für etwa zwei Stunden ins Tiefkühlfach und lassen ihn anfrosten. Anschließend können Sie die Stücke in Folie oder Gefrierdosen verpacken und ganz einfrieren. Frieren Sie Blechkuchen immer in kleinen Portionen ein. So können Sie bei Bedarf eine Kuchenplatte aus verschiedenen Sorten zusammenstellen.

Eingefrorene rohe Teige tauen Sie am besten bei Zimmertemperatur auf. Hefeteig muss nach dem Auftauen noch einmal gehen, bevor er weiter verarbeitet wird. Sahnekuchen sollten Sie am besten im Kühlschrank auftauen lassen. Hefe- oder Rührkuchen können Sie auch im Backofen oder in der Mikrowelle auftauen.

TIPPS UND TRICKS

Mehl sieben
Sieben Sie das Mehl immer durch. So wird der Kuchen schön locker. Backpulver, Speisestärke und Kakao vor dem Sieben mit dem Mehl vermischen und ebenfalls sieben.

Flüssigkeitszugabe/Mehltypen
Die Typenzahl auf der Verpackung gibt den durchschnittlichen Mineralstoffgehalt in mg pro 100 g Mehl an. Alle Rezepte in diesem Buch sind mit Mehl Type 405 berechnet, es hat die besten Klebeeigenschaften zum Backen. Selbstverständlich können auch höhere Mehltypen verwendet werden. So sind Kuchen mit Vollkornmehl reich an Ballaststoffen. In diesem Fall sollte etwa 20 Prozent mehr Flüssigkeit zugegeben werden, bei der Verwendung von Type 1050 sind etwa 10 Prozent

mehr Flüssigkeit nötig, als in den Rezepten angegeben.

Backtemperatur und -zeit

In allen Rezepten sind die angegebenen Temperaturen und Backzeiten Mittelwerte. Nicht immer entspricht zum Beispiel die eingestellte Temperatur der tatsächlichen im Backofen. Wird der zu backende Kuchen in den kalten Backofen geschoben, muss die angegebene Backzeit um etwa 5 – 10 Min. verlängert werden. Beim Backen im Umluftherd muss die Temperatur etwa 20 – 30 °C niedriger eingestellt werden.

Einschubhöhe

Flache Kuchen wie Blechkuchen sollten, wenn nicht anders angegeben, auf der mittleren Einschubleiste gebacken werden.

Schutz vor dunkler Oberfläche

Häufig ist die Oberfläche von Kuchen und Torten bereits vor Ablauf der Backzeit gut gebräunt. In diesem Fall den Kuchen einfach mit Pergamentpapier abdecken und, wenn möglich, die Oberhitze abschalten.

Garprobe

Durch die Garprobe können Sie feststellen, ob der Kuchen gar ist. Dafür stechen Sie mit einem dünnen Holzstäbchen senkrecht bis zum Boden. Bleiben keine feuchten Teigreste daran haften, ist der Kuchen gar.

Vorbereiten

Viele Blechkuchen lassen sich gut vorbereiten. So kann der Biskuitboden bereits am Vortag gebacken und am nächsten Tag mit Sahne oder Obst belegt werden.

ZUTATEN

Gemahlene Zutaten

Besonders bei gemahlenen Zutaten wie Haselnüssen, Mandeln, Mohn oder auch Mehl lohnt es sich selbst zu mahlen. Der Geschmacksunterschied zu abgepackter Ware ist beträchtlich.

Eier

Beim Backen sind Eier fast unentbehrlich, denn sie machen Gebäck locker. Ein frisches Ei erkennt man an der Größe seiner Luftkammer – je älter das Ei, desto größer die Luftkammer. Daher sinken ganz frische Eier in einem Glas Wasser zu Boden. Eier, die älter als eine Woche sind, sinken auch zu Boden, richten die stumpfe Seite aber noch oben. Eier, die älter als 2 Wochen sind, schwimmen. Eier sollten übrigens immer kalt aufbewahrt werden, vor dem Backen allerdings Zeit genug bekommen, um Zimmertemperatur zu erlangen.

Stärkemehl

Neben Mehl wird auch oft Stärkemehl zum Backen benötigt. Stärkemehl wird dann dem Mehl zugesetzt, wenn besonders feine und leichte Teige entstehen sollen. Stärkemehle werden aus Weizen, Kartoffeln, Mais und Reis gewonnen.

Hefe und Backpulver

Nur Teige mit wenig Mehl und vielen Eier, reichlich Fett und Zucker werden ohne Backtriebmittel locker. Anderen Teigen müssen Hefe, Backpulver, seltener auch Hirschhornsalz oder Pottasche zugefügt werden. Es kommt beim Aufeinandertreffen von Backtriebmittel, Wärme und Feuchtigkeit zur Gasbildung, wodurch der Teig gelockert wird.

Süßungsmittel

Neben dem normalen Haushaltszucker, der Raffinade, werden beim Backen auch andere Süßungsmittel verwendet, wodurch interessante Geschmacks- und Farbnuancen erreicht werden können. Puderzucker ist gemahlener Haushaltszucker, er kann auch schnell selbst gemacht werden, indem Raffinade gemahlen oder im Mörser zerrieben wird. Brauner Zucker ist ungereinigter und ungebleichter Zucker mit leicht würzigem Geschmack. Vanillezucker ist die Mischung aus gemahlener Vanilleschote und Zucker, Vanillinzucker besteht aus künstlichem Vanillearoma und Zucker. Honig und Ahornsirup geben ebenfalls ihren Geschmack an das Gebäck ab. Beim Honig sorgt die große Sortenvielfalt für sehr interessante Unterschiede. Die gesundheitlich wertvollen Inhaltsstoffe sind allerdings nach dem Backvorgang im Wesentlichen nicht mehr aktiv.

Gewürze und Aromen

Beim Kochen ist die Verwendung von Gewürzen und Kräutern stärker in den Focus gerückt als beim Backen. Doch neben den Klassikern Vanille und Zimt kann auch beim Backen mit anderen Zutaten experimentiert werden. Gewürznelke, Pfeffer, Koriander und Kardamom sind typisch für die Weihnachtsbäckerei, wobei Kardamom aber auch mal in Hefeteig ausprobiert werden sollte. Macis und Muskatnuss werden ebenfalls in der Adventsbäckerei verwendet, aber ein bisschen Muskatnuss passt auch gut zu Cremes, Hefe- und Rhabarberkuchen. Safran, ein sehr teures Gewürz, wird vor allem wegen seiner Färbeeigenschaft verwendet, es macht „den Kuchen gel(b)".

Alkoholische Aromageber

Obstgeist, Liköre, Rum und andere alkoholische Getränke sind beliebte Aromageber. Dabei kommt es nicht auf den Alkoholgehalt an, denn der Alkohol verflüchtigt sich beim Backen, nur die geschmacksgebenden Komponenten bleiben zurück.

Nüsse und Samen

Haselnüsse, Walnüsse und Mandeln sind sicher die bekanntesten Vertreter, aber wenn man sich umschaut, findet man mögliche Alternativen, die auch wieder zu neuen Geschmacksergebnissen führen: Cashewnüsse, Erdnüsse, Paranüsse sind leckere Alternativen, ebenso Kürbis-, Pinien- und Sonnenblumenkerne, Sesam und Pistazien. Frisch gemahlen schmecken Nüsse übrigens viel aromatischer als die fertig zu kaufenden Mahlerzeugnisse. Das Aroma von Nüssen und Kernen kann durch kurzes Rösten in einer Pfanne ohne Fett noch verstärkt werden. Da diese Lebensmittel sehr fetthaltig sind, können sie ranzig werden – sie sollten also besser in kleinen Mengen frisch gekauft und kühl und dunkel aufbewahrt werden.

Trockenfrüchte

Neben Rosinen gibt es eine Vielzahl leckerer Trockenfrüchte, mit denen man seinen Kuchen eine besondere Note geben kann: Cranberries, Äpfel, Datteln, Ananas, Mango und Aprikosen sind nur ein paar Beispiele aus dem großen Sortiment.

Butterkuchen, Eierschecke & Co.

Butterkuchen

Zubereitungszeit: 20 Minuten
Gehzeit: 40 Minuten
Backzeit: 20 – 30 Minuten

FÜR DEN TEIG

500 g Mehl
1 Würfel frische Hefe
¼ l (250 ml) lauwarme Milch
50 g Butter
70 g Zucker
abgeriebene Schale von
  1 unbehandelten Zitrone
1 Prise Salz
150 g Butter
Butter für das Backblech
Mehl für die Arbeitsfläche

FÜR DEN BELAG

200 g Zucker
1 Päckchen Vanillezucker
200 g Mandelblättchen

1 Das Mehl in eine Schüssel sieben und in der Mitte eine Mulde bilden. Die Hefe hineinbröckeln, etwas lauwarme Milch hinzufügen und mit etwas Mehl verrühren. Mit etwas Mehl bestreuen und an einem warmen Ort gehen lassen, bis sich Risse in dem Teig bilden.

2 Butter in Flöckchen auf dem Mehlrand verteilen, Zucker, Salz, restliche Milch und die Zitronenschale hinzufügen und alles zu einem glatten Teig kneten. Mit einem Tuch bedecken und an einem warmen Ort 30 Min. gehen lassen. Den Backofen auf 175 °C vorheizen.

3 Das Backblech einfetten oder mit Backpapier auslegen. Den Teig auf einer bemehlten Arbeitsfläche ausrollen und auf das Blech legen. Die Butter in Flöckchen darauf verteilen.

4 Zucker, Vanillezucker und Mandelblättchen mischen, über den Teig streuen und im vorgeheizten Backofen (Umluft 155 °C, Gas Stufe 2) 20 – 30 Min. backen.

Streuselkuchen

Zubereitungszeit: 20 Minuten
Gehzeit: 40 Minuten
Backzeit: 25 – 30 Minuten

FÜR DEN TEIG

$\frac{1}{2}$ Würfel frische Hefe
gut $\frac{1}{4}$ l (250 ml) lauwarme Milch
60 g Margarine
500 g Mehl
40 g Zucker
1 Prise Salz
Butter für das Backblech
Mehl für die Arbeitsfläche

FÜR DEN BELAG

250 g Mehl
250 g gehackte Mandeln
150 g Zucker
250 g Margarine

1 Für den Vorteig zerbröckelte Hefe und 1 TL Zucker in der Milch auflösen. Zugedeckt an einem warmen Ort 10 Min. gehen lassen.

2 Margarine zerlassen, mit Mehl, Zucker und etwas Salz in eine Schüssel geben. Die Hefemilch zufügen und zu einem glatten Teig verkneten. Zugedeckt an einem warmen Ort zur doppelten Größe aufgehen lassen, dann nochmals gut kneten.

3 Das Backblech einfetten oder mit Backpapier belegen. Den Teig auf einer bemehlten Arbeitsfläche ausrollen, auf das Backblech legen und weitere 30 Min. gehen lassen. Den Backofen auf 200 °C vorheizen.

4 Für die Streusel das Mehl, Mandeln, Zucker und die Margarine in Flöckchen mit den Händen zu Streuseln zusammendrücken. Auf dem Teig verteilen. Im vorgeheizten Backofen (Umluft 180 °C, Gas Stufe 3) 25 – 30 Min. backen.

Zuckerkuchen mit Mandeln

Zubereitungszeit: 20 Minuten
Backzeit: 20 Minuten

FÜR DEN TEIG

200 g Sahne
200 g Zucker
4 Eier
300 g Mehl
1 Päckchen Backpulver
1 TL gemahlene Vanille
1 Prise Salz
abgeriebene Schale von
  ½ unbehandelten Zitrone
Butter für das Backblech

FÜR DEN BELAG

120 g Butter
200 g Zucker
½ TL gemahlener Zimt
4 EL Milch
200 g Mandelblättchen oder -stifte

1 Den Backofen auf 200 °C vorheizen. Die Sahne in eine schmale Rührschüssel gießen. Den Zucker und die Eier dazugeben und so lange verschlagen, bis sich der Zucker vollständig gelöst hat.

2 Mehl, Backpulver, Vanillepulver, Salz und Zitronenschale untermischen. Das Backblech einfetten oder mit Backpapier belegen. Den Teig auf das Blech streichen und im vorgeheizten Backofen (Umluft 180 °C, Gas Stufe 3) 10 Min. backen.

3 Die Butter schmelzen und mit den übrigen Zutaten vermengen. Den vorgebackenen Kuchen damit bestreichen und weitere 10 Min. backen.

Schmandkuchen

Zubereitungszeit: 40 Minuten
Gehzeit: 50 Minuten
Backzeit: 35 – 40 Minuten

FÜR DEN TEIG

200 ml lauwarme Milch
500 g Mehl
1 Würfel frische Hefe
120 g Butter
120 g Zucker
1 Prise Salz
2 Eier
Butter für das Backblech
Mehl für die Arbeitsfläche

FÜR DEN BELAG

1 l Milch
80 g Zucker
120 g Weizengrieß
4 Eier
1 Prise Salz
1 Päckchen Vanillezucker

FÜR DEN GUSS

2 Eiweiße
2 EL Zucker
2 Eigelbe
500 g Schmand oder saure Sahne

1 Das Mehl in eine Schüssel sieben und in die Mitte eine Mulde drücken. Die Hefe hineinbröckeln, die lauwarme Milch dazugießen und mit der Hefe und etwas Mehl verrühren. Den Vorteig zugedeckt an einem warmen Ort 25 Min. gehen lassen.

2 Die Butter bei milder Hitze schmelzen lassen. Dann zusammen mit Zucker, Salz und den verquirlten Eiern zum Vorteig geben und alles zu einem kompakten Teig verkneten. Diesen 25 Min. gehen lassen.

3 Das Backblech mit Backpapier belegen oder einfetten. Den Teig auf einer bemehlten Arbeitsfläche ausrollen und auf das Blech legen.

4 Für den Belag die Milch aufkochen lassen. Zucker und Grieß unter Rühren hinzufügen und alles köcheln lassen, bis ein dicker Brei entstanden ist. Den Backofen auf 200 °C vorheizen.

5 Die Eier trennen. Eiweiße steifschlagen. Die Eigelbe leicht verquirlen und zusammen mit dem Salz und dem Vanillezucker unter den noch warmen Grießbrei mischen. Diesen etwas abkühlen lassen, dann den Eischnee darunterziehen. Die Grießmasse auf dem Teig verteilen.

6 Für den Guss die Eiweiße zusammen mit dem Zucker zu steifem Schnee schlagen. Die Eigelbe mit dem Schmand und der sauren Sahne verrühren. Den Eischnee vorsichtig darunterziehen. Die Schmandcreme auf den Kuchen geben und glatt streichen. Den Kuchen im vorgeheizten Ofen (Umluft 180 °C, Gas Stufe 3) 35 – 40 Min. backen.

Eierschecke

Zubereitungszeit: 30 Minuten
Gehzeit: 30 Minuten
Backzeit: 30 Minuten

FÜR DEN TEIG

½ Würfel frische Hefe
60 g Zucker
⅛ l (125 ml) lauwarme Milch
50 g Margarine
370 g Mehl
½ TL Salz
2 Eier
Butter für das Backblech
Mehl für die Arbeitsfläche

FÜR DEN BELAG

200 g Margarine
5 Eier
70 g Zucker
1 Päckchen Vanillezucker
2 gehäufte EL Speisestärke
250 g Magerquark
50 g Korinthen
50 g gehackte Mandeln
1 Prise Salz
100 g Mandelblättchen zum Bestreuen

1 Für den Vorteig die Hefe zerbröckeln und mit 1 TL Zucker in der Milch auflösen. Zugedeckt an einem warmen Ort 10 Min. gehen lassen.

2 Margarine zerlassen. Mit Mehl, restlichem Zucker, Salz, Eiern und dem Vorteig zu einem glatten Teig verkneten. Zugedeckt an einem warmen Ort zur doppelten Größe aufgehen lassen.

3 Margarine zerlassen und abkühlen lassen. Eier trennen. Eigelbe, Zucker, Vanillezucker, Speisestärke und Quark verrühren. Margarine, Korinthen und Mandeln untermischen.

4 Backblech einfetten oder mit Backpapier auslegen. Hefeteig auf einer bemehlten Arbeitsfläche ausrollen und auf das Backblech legen. Eiweiße mit Salz steifschlagen und unter die Quarkcreme heben. Creme auf den Hefeteig streichen und bei Zimmertemperatur 15 Min. gehen lassen. Backofen auf 200 °C vorheizen.

5 Mandelblättchen über die Quarkcreme streuen und den Kuchen im vorgeheizten Backofen (Umluft 180 °C, Gas Stufe 3) 30 Min. backen.

Bienenstich

Zubereitungszeit: 50 Minuten
Gehzeit: 45 Minuten
Backzeit: 20 – 30 Minuten

FÜR DEN TEIG

500 g Mehl
1 Würfel frische Hefe
¼ l (250 ml) lauwarme Milch
100 g Zucker
100 g weiche oder flüssige Butter
1 Prise Salz
Butter für das Backblech
Mehl für die Arbeitsfläche

FÜR DEN BELAG

100 g Butter
100 g Zucker
200 g geröstete Mandelblättchen
etwas Sahne

FÜR DIE FÜLLUNG

½ l (500 ml) Milch
50 g Zucker
1 Päckchen Mandelpuddingpulver
100 g Sahne

1 Das Mehl in eine Schüssel sieben, in die Mitte eine Mulde drücken und die Hefe hineinkrümeln. Mit etwas Milch und 1 Prise Zucker zu einem kleinen Vorteig verrühren. Zugedeckt an einer warmen und zugfreien Stelle etwa 15 Min. gehen lassen, bis die Oberfläche des Vorteiges Risse zeigt.

2 Alle restlichen Zutaten in die Mulde geben und mit dem Mehl nach und nach zu einem Teig vermischen. Dann den Teig mit der Hand schlagen, bis sich Blasen bilden und der Teig nicht mehr an der Schüssel klebt. Gegebenenfalls noch 1 – 2 EL Mehl oder Milch dazugeben. In der Schüssel zugedeckt bis zum doppelten Volumen gehen lassen.

3 Den Ofen auf 200 °C vorheizen. Das Backblech einfetten oder mit Backpapier auslegen. Für den Belag in einem Topf bei mittlerer Temperatur Butter, Zucker und Mandeln mit wenig Sahne zu einer dicken, aber gut streichfähigen Masse vermengen und beiseite stellen.

4 Den Teig auf einer bemehlten Arbeitsfläche etwa 1 ½ cm dick ausrollen und auf das Backblech legen. Mit einer Gabel in dichten Reihen den Teig einstechen, damit er beim Backen keine Blasen bildet und sich nicht nach oben wölbt. Mit der Mandelmasse bestreichen und an einer warmen Stelle noch 15 – 20 Min. gehen lassen.

5 Im vorgeheizten Backofen (Umluft 180 °C, Gas Stufe 3) auf der zweiten Schiene von unten 20 – 30 Min. goldbraun backen. Anschließend noch warm in Quadrate von ca. 10 x 10 cm Größe schneiden.

6 Für die Füllung aus Milch, Zucker und Puddingpulver nach Packungsanweisung einen Pudding kochen. Anschließend den Pudding im kalten Was-serbad unter Rühren abkühlen. Die Sahne steifschlagen, nach und nach unter den Pudding heben.

7 Die erkalteten Kuchenquadrate waage-recht halbieren. Die unteren Hälften mit der Pudding-Sahne-Mischung dick bestrei-chen. Dann mit den Mandelbelag-Hälften bedecken.

Reiskuchen

Zubereitungszeit: 50 Minuten
Kühlzeit: 20 Minuten
Backzeit: 55 Minuten

FÜR DEN TEIG

500 g Mehl
1 Prise Backpulver
120 g Puderzucker
1 Prise Salz
2 Eier
250 g Margarine
Butter für das Backblech
Mehl für die Arbeitsfläche

FÜR DIE FÜLLUNG

¾ l (750 ml) Milch
1 Prise Salz
200 g Langkornreis
50 g Aprikosenkonfitüre
120 g Sahne
4 Eiweiße
100 g Margarine
120 g Zucker
4 Eigelbe
100 g gemahlene Mandeln
½ TL abgeriebene, unbehandelten
   Zitronenschale
2 EL Puderzucker zum Bestäuben

1 Mehl, Backpulver, Puderzucker und Salz in einer Schüssel mischen. Eier und Margarine in Stückchen dazugeben. Mit den Knethaken des Handrührgeräts rasch zu einem glatten Mürbeteig verkneten. Teig zu einer Kugel formen, in Frischhaltefolie wickeln und 30 Min. im Kühlschrank ruhen lassen.

2 Milch mit Salz aufkochen, Reis zufügen. Bei kleiner Hitze im geschlossenen Topf 20 Min. ausquellen lassen. Ofen auf 180 °C vorheizen. Backblech einfetten oder mit Backpapier belegen.

3 Teig auf bemehlter Arbeitsfläche ausrollen und auf das Backblech legen. Mit einer Gabel mehrmals einstechen. Im vorgeheizten Backofen (Umluft 160 °C, Gas Stufe 2) 15 Min. vorbacken. Mit Konfitüre bestreichen.

4 Sahne und Eiweiße getrennt steifschlagen. Margarine, Zucker und Eigelbe schaumig rühren. Milchreis, Mandeln und Zitronenschale unterrühren. Sahne zufügen, Eiweiß unterheben. Die Masse auf den Boden streichen und weitere 40 Min. backen. Mit Puderzucker bestäuben.

Lebkuchenschnitten

Zubereitungszeit: 30 Minuten
Backzeit: 15 – 20 Minuten

FÜR DEN TEIG

2 Eier
250 g Roh-Rohrzucker
60 g Apfelkraut
1 Fläschchen Rumaroma
1 Msp. gemahlener Piment
1 EL gemahlener Zimt
60 g geriebene Schokolade
120 g ganze geschälte Mandeln
30 g Zitronat
250 g Mehl
1 gestrichener TL Backpulver
Butter für das Backblech

FÜR DEN GUSS

100 g Puderzucker

1 Ofen auf 200 °C vorheizen. Backblech einfetten oder mit Backpapier belegen. Eier und 2 EL Wasser schaumig schlagen. Dabei den Zucker esslöffelweise zugeben. Die Masse so lange schlagen bis sie cremig ist und der Zucker sich vollständig gelöst hat.

2 Nach und nach Apfelkraut, Gewürze, Schokolade, Mandeln und Zitronat zugeben. Mehl mit Backpulver sorgfältig mischen und ebenfalls unterheben. Den Teig ½ cm dick auf das Backblech streichen. Im vorgeheizten Backofen (Umluft 180 °C, Gas Stufe 3) 15 – 20 Min. backen.

3 Für den Guss den Puderzucker mit 1 – 2 EL heißem Wasser glatt rühren und den noch heißen Teig damit einstreichen. Etwas abkühlen lassen. Mit einem scharfen Messer in rechteckige Schnitten von ca. 2 x 5 cm schneiden.

Buttermilchkuchen mit Walnüssen

Zubereitungszeit: 20 Minuten
Backzeit: 35 – 45 Minuten

FÜR DEN TEIG

500 g Mehl
300 g Zucker
2 Päckchen Backpulver
2 Eier
1 Prise Salz
440 g Buttermilch
Butter für das Backblech

FÜR DEN BELAG

250 g Walnusskerne
200 g Zucker
400 g Sahne

1 Den Backofen auf 180 °C vorheizen. Mehl, Zucker, Backpulver, Eier, Salz und Buttermilch verrühren. Das Backblech einfetten oder mit Backpapier auslegen. Den flüssigen Teig auf das Blech streichen.

2 Die Walnusskerne fein hacken, mit dem Zucker vermischen und auf dem Teig verteilen.

3 Den Kuchen im vorgeheizten Backofen (Umluft 160 °C, Gas Stufe 2) 30 – 40 Min. goldgelb backen. Mit Sahne begießen und weitere 5 Min. backen, bis die Walnusskruste braun ist. Die Sahne muss vollständig aufgesogen sein.

Von Apfelkuchen bis Zwetschgendatschi

Apfelkuchen

Zubereitungszeit: 50 Minuten
Geh- und Kühlzeit: 2 Stunden
Backzeit: 35 Minuten

FÜR DEN TEIG

250 g Mehl
½ Würfel frische Hefe
50 g Zucker
⅛ l (125 ml) lauwarme Milch
1 kräftige Prise Salz
80 g Butter
1 TL abgeriebene Zitronenschale

FÜR DEN BELAG

2 Zitronen
1 ½ kg Äpfel
100 g Zucker
½ TL gemahlener Zimt
4 EL gehackte Mandeln
2 EL Rosinen
100 g Butter

FÜR DAS GITTER

250 g Mehl
100 g Zucker
1 gestrichener TL Backpulver
100 g Butter
1 Ei
3 EL Milch
Mehl für die Arbeitsfläche
100 g Butter zum Bestreichen
120 g Puderzucker zum Bestäuben

1 Das Mehl in eine Schüssel sieben, in die Mitte eine Vertiefung drücken. Die Hefe mit 1 TL Zucker in etwas lauwarmer Milch verrühren, in die Vertiefung gießen und leicht mit Mehl bestäuben. Das Salz, die Butter in Flöckchen, den restlichen Zucker und die Zitronenschale auf den Mehlrand verteilen und den Vorteig zugedeckt an einem warmen Ort 30 Min. gehen lassen.

2 Den Vorteig von der Mitte her zu einem glatten Teig verarbeiten, dabei so lange kneten, bis sich der Teig vom Schüsselboden löst. Den Teig zugedeckt an einem warmen Ort 1 Std. gehen lassen.

3 Für den Belag die Zitronen auspressen. Die Äpfel schälen, in Spalten schneiden und entkernen. Die Apfelspalten mit dem Zitronensaft übergießen und mit etwas Zucker bestreuen.

4 Backblech einfetten oder mit Backpapier auslegen. Den Teig zusammenstoßen, erneut durchkneten und auf einer bemehlten Arbeitsfläche dünn ausrollen. Den Teig auf das Blech legen, mehrmals mit einer Gabel einstechen und einen Rand hochziehen.

5 Die Apfelspalten auf dem Teig anordnen und mit Zimt, Mandeln, Rosinen und restlichem Zucker bestreuen. Die Butter zerlassen und über den Kuchenbelag träufeln.

6 Mehl, Zucker und Backpulver in einer Schüssel mischen. Butter in Stückchen, Ei und Milch dazugeben. Mit den Knethaken des Handrührgeräts rasch zu einem glatten Mürbeteig verkneten. Teig zu einer Kugel formen, in Frischhaltefolie wickeln und den Teig 30 Min. im Kühlschrank ruhen lassen.

7 Den Backofen auf 200 °C vorheizen. Den Mürbeteig auf einer bemehlten Arbeitsfläche dünn ausrollen. Schmale Streifen ausrädeln und gitterartig auf dem Belag anordnen. Den Kuchen im Backofen (Umluft 180 °C, Gas Stufe 3) 35 Min. backen.

8 Den Kuchen aus dem Ofen nehmen und auskühlen lassen. Die Butter zerlassen. Den Kuchen damit bestreichen und mit Puderzucker bestäuben.

Apfelkuchen mit Streuseln

Zubereitungszeit: 45 Minuten
Gehzeit: 40 Minuten
Backzeit: 35 – 45 Minuten

FÜR DEN TEIG

500 g Mehl
1 Würfel frische Hefe
¼ l (250 ml) lauwarme Milch
60 g Zucker
90 g Margarine
2 Eier
1 Prise Salz
abgeriebene Schale von
  1 unbehandelten Zitrone

FÜR DEN BELAG

1 ½ kg Äpfel (z. B. Elstar)
3 EL Semmelbrösel
60 g Korinthen
Zucker

FÜR DIE STREUSEL

150 g Mehl
150 g Zucker
100 g Butter
1 Prise Salz

1 Das Mehl in eine Schüssel sieben, in die Mitte eine Vertiefung drücken. Die Hefe mit 1 TL Zucker und etwas lauwarmer Milch hineingeben und leicht verrühren. Mit etwas Mehl vom Rand bestäuben und Vorteig zugedeckt an einem warmen Ort 20 Min. gehen lassen.

2 Dann die restliche Milch, Zucker, Margarine in Flöckchen, Eier, Salz und Zitronenschale sorgfältig unterkneten. Dabei den Teig gut schlagen, damit er locker wird. Erneut abgedeckt 20 Min. gehen lassen.

3 Die Äpfel schälen, vierteln, Kerngehäuse entfernen und in dicke Scheiben schneiden.

4 Ofen auf 200 °C vorheizen. Das Backblech einfetten oder mit Backpapier belegen. Den Teig auf einer bemehlten Arbeitsfläche ausrollen und auf das Blech legen. Mit Semmelbröseln bestreuen, mit Apfelscheiben gleichmäßig belegen und die Korinthen darauf verteilen. Mit etwas Zucker bestreuen.

5 Für die Streusel Mehl, Zucker und Butter mit dem Salz in einer Schüssel verkneten. Über die Äpfel verteilen. Im vorgeheizten Backofen (Umluft 180 °C, Gas Stufe 3) 35 – 45 Min. backen.

Apfelmuskuchen

Zubereitungszeit: 25 Minuten
Backzeit: 15 Minuten

FÜR DEN TEIG

5 Eier
300 g Zucker
250 g Mehl
1 Päckchen Vanillepuddingpulver
1 Päckchen Backpulver
$\frac{1}{8}$ l (125 ml) Milch
120 g weiche Margarine
Butter für das Backblech

FÜR DEN BELAG

1 Glas Apfelmus

1 Den Backofen auf 210 °C vorheizen. Eier und Zucker schaumig schlagen. Mehl, Puddingpulver und Backpulver mischen. Auf die Schaummasse geben, zusammen mit der Milch und der weichen Margarine unterrühren.

2 Ein Backblech einfetten oder mit Backpapier auslegen. Den Teig auf das Blech streichen und das Apfelmus darauf verteilen. Den Kuchen im vorgeheizten Backofen (Umluft 190 °C, Gas Stufe 3) 15 Min. backen, kurz ruhen lassen und servieren.

Aprikosenkuchen nach Bauernart

Zubereitungszeit: 30 Minuten
Gehzeit: 30 Minuten
Backzeit: 25 Minuten

FÜR DEN TEIG

1 Würfel frische Hefe (42 g)
¼ l (250 ml) lauwarme Milch
120 g Zucker
1 Prise Salz
400 g Mehl
100 g zarte Haferflocken
100 g gemahlene Mandeln
2 Eier
120 g zerlassene, abgekühlte Margarine
Butter für das Backblech
Mehl für die Arbeitsfläche

FÜR DEN BELAG

1 kg Aprikosen
50 g Zucker
100 g gehackte Mandeln

FÜR DEN GUSS

250 g Puderzucker
3 – 4 EL Zitronensaft

1 Hefe in die lauwarme Milch bröckeln, mit 1 Prise Zucker und etwas Mehl verrühren und abgedeckt 5 – 10 Min. an einem warmen Ort gehen lassen.

2 Zucker, Salz, Mehl, Haferflocken und Mandeln in einer Schüssel mischen. Hefemilch, Eier und Margarine zugeben und alles zu einem glatten Teig verkneten. Abgedeckt an einem warmen Ort bis zur doppelten Größe gehen lassen.

3 Die Aprikosen halbieren und den Stein entfernen. Ein Backblech einfetten oder mit Backpapier belegen. Ofen auf 200 °C vorheizen.

4 Den Teig nochmals durchkneten, auf einer bemehlten Arbeitsfläche ausrollen und auf das Backblech geben. Den Teig mit halbierten, entsteinten Aprikosen belegen. Mit Zucker und gehackten Mandeln bestreuen. Im vorgeheizten Backofen (Umluft 180 °C, Gas Stufe 3) 25 Min. backen.

5 Puderzucker und Zitronensaft verrühren und den Kuchen damit bestreichen. Vor dem Servieren etwas durchziehen lassen.

Birnenkuchen mit Rosinen

Zubereitungszeit: 30 Minuten
Gehzeit: 40 Minuten
Backzeit: 30 Minuten

FÜR DEN TEIG

1 Würfel frische Hefe
150 ml lauwarme Milch
80 g Zucker
500 g Mehl
1 Prise Salz
1 Ei
80 g Margarine
½ TL gemahlene Anissamen
Butter für das Backblech
Mehl für die Arbeitsfläche

FÜR DEN BELAG

2 kg reife Birnen (z. B. Abate Fetel)
80 g Zucker
50 g Rosinen
½ TL gemahlener Ingwer
½ TL gemahlener Zimt

1 Hefe in die lauwarme Milch bröckeln, mit 1 Prise Zucker und etwas Mehl verrühren und abgedeckt 5 – 10 Min. gehen lassen.

2 Zucker, Mehl und Salz in einer Schüssel mischen, Hefemilch, Ei, Margarine und Anis zugeben und alles zu einem glatten Teig verkneten. Abgedeckt bis zur doppelten Größe gehen lassen.

3 Birnen schälen, entkernen und in Spalten schneiden. Ofen auf 200 °C vorheizen. Backblech einfetten oder mit Backpapier auslegen. Den Teig auf einer bemehlten Arbeitsfläche ausrollen und auf das Backblech legen.

4 Den Teig dicht mit Birnenspalten belegen. Mit Zucker, Rosinen, Ingwer und Zimt bestreuen und noch einmal 10 Min. gehen lassen. Im vorgeheizten Backofen (Umluft 180 °C, Gas Stufe 3) 30 Min. backen.

Brombeerschnitten

Zubereitungszeit: 40 Minuten
Kühlzeit: 50 Minuten
Backzeit: 10 – 15 Minuten

FÜR DEN TEIG

250 g Mehl
150 g Zucker
1 Prise Salz
150 g Margarine
1 Ei
40 g gemahlene Mandeln
2 EL Rum
Butter für das Backblech
Mehl für die Arbeitsfläche

FÜR DEN FRUCHTBELAG

3 EL Brombeerkonfitüre
1 EL Maraschinolikör
500 g Brombeeren
20 g Kokosraspel
10 g Zucker

FÜR DEN QUARKGUSS

500 g Quark (20 % Fett)
120 g Zucker
1 Päckchen Vanillezucker
abgeriebene Schale von
  1 unbehandelten Zitrone
6 EL Zitronensaft
7 Blatt weiße Gelatine
250 g Sahne

FÜR DIE GLASUR

2 EL Brombeerkonfitüre
¼ l (250 ml) Brombeersaft
3 Blatt weiße Gelatine

1 Mehl, Zucker und Salz in einer Schüssel mischen. Die Margarine in Stückchen, Ei, Mandeln und Rum dazugeben. Mit den Knethaken des Handrührgeräts zu einem glatten Mürbeteig verkneten. Teig zu einer Kugel formen, in Frischhaltefolie wickeln und 30 Min. im Kühlschrank ruhen lassen.

2 Ofen auf 200 °C vorheizen. Ein Backblech einfetten. Den Teig ausrollen und die Hälfte des Backblechs damit auslegen. Mit einer Gabel mehrmals einstechen und im vorgeheizten Backofen (Umluft 180 °C, Gas Stufe 3) 10 – 15 Min. backen.

3 Brombeerkonfitüre mit Maraschinolikör verrühren, auf die warme Teigplatte streichen, die Brombeeren darauf verteilen. Kokosraspel und Zucker in einer Pfanne ohne Fett bei milder Hitze goldgelb rösten, über die Brombeeren geben.

4 Quark, Zucker, Vanillezucker, Zitronenschale und -saft verrühren, eingeweichte Gelatine in etwas Wasser bei schwacher Hitze auflösen und unterrühren. Sahne schlagen, unter die halbsteife Quarkmasse heben und über die Brombeeren verteilen.

5 Konfitüre mit Saft glatt rühren. Eingeweichte Gelatine in etwas Wasser bei schwacher Hitze auflösen, unter den Saft rühren, leicht ansteifen lassen und mit einem Pinsel auf die Quarkplatte streichen. Den Kuchen im Kühlschrank erstarren lassen.

Heidelbeerkuchen mit Streuseln

Zubereitungszeit: 30 Minuten
Gehzeit: 40 Minuten
Backzeit: 20 – 25 Minuten

FÜR DEN TEIG

1 Würfel frische Hefe
¼ l (250 ml) lauwarme Milch
500 g Mehl
120 g Zucker
1 Prise Salz
150 g Margarine
2 Eier
Butter für das Backblech
Mehl für die Arbeitsfläche

FÜR DIE STREUSEL

500 g Mehl
250 g Zucker
Mark von 1 Vanilleschote
300 g Margarine
2 TL gemahlener Zimt

FÜR DEN BELAG

1 kg Heidelbeeren

1 Hefe in die lauwarme Milch bröckeln, mit 1 Prise Zucker verrühren und zugedeckt an einem warmen Ort 20 Min. gehen lassen.

2 Mehl, Zucker, Salz, zerlassene Margarine und Eier verrühren, Hefemilch zufügen und den Teig gut durchkneten. Zugedeckt bis zur doppelten Größe aufgehen lassen. Ofen auf 200 °C vorheizen.

3 Mehl, Zucker, Vanillemark, Margarine und Zimt in einer Schüssel zu Streuseln verkneten. Heidelbeeren waschen und verlesen.

4 Ein Backblech fetten oder mit Backpapier belegen und Hefeteig darauf ausrollen. ⅓ der Streuselmasse und die Heidelbeeren auf den Teig geben. Mit den restlichen Streuseln bestreuen.

5 Den Kuchen im vorgeheizten Ofen (Umluft 180 °C, Gas Stufe 3) 20 – 25 Min. backen.

Johannisbeerkuchen mit Nusshaube

Zubereitungszeit: 40 Minuten
Kühlzeit: 30 Minuten
Backzeit: 30 Minuten

FÜR DEN TEIG

400 g Mehl
½ TL Backpulver
200 g Zucker
1 Prise Salz
2 Eier
200 g Margarine
Butter für das Backblech
Mehl für die Arbeitsfläche

FÜR DEN BELAG

500 g Johannisbeeren

FÜR DIE NUSSHAUBE

6 Eiweiße
150 g Zucker
200 g gemahlene Haselnüsse

1 Mehl mit Backpulver mischen. Zucker, Salz, Eier und die Margarine in Stückchen hinzufügen. Mit den Knethaken des Handrührgeräts zu einem glatten Mürbeteig verkneten. Teig zu einer Kugel formen, in Frischhaltefolie wickeln und 30 Min. im Kühlschrank ruhen lassen.

2 Johannisbeeren waschen, abtropfen lassen und die Beeren mit einer Gabel vorsichtig von den Rispen streifen. Backofen auf 200 °C vorheizen.

3 Für die Nusshaube Eiweiße steifschlagen, dabei den Zucker ganz langsam einrieseln lassen. Weiterschlagen, bis sich der Zucker vollständig gelöst hat. Nüsse und Beeren vorsichtig unterheben.

4 Ein Backblech einfetten oder mit Backpapier belegen. Den Teig auf einer bemehlten Arbeitsfläche ausrollen und das Backblech damit auslegen. Mit der Gabel mehrmals einstechen und im vorgeheizten Backofen (Umluft 180 °C, Gas Stufe 3) 15 Min. vorbacken.

5 Mit der Nuss-Beeren-Mischung bestreichen und bei 175 °C (Umluft nicht empfehlenswert, Gas Stufe 2) weitere 15 Min. backen.

Kirschkuchen mit Marzipan-Guss

Zubereitungszeit: 30 Minuten
Backzeit: 45–50 Minuten

FÜR DEN TEIG

250 g weiche Margarine
200 g Zucker
4 Eier
abgeriebene Schale von
  1 unbehandelten Zitrone
1 Prise Salz
400 g Mehl
2 EL Kakaopulver
2 gestrichene TL Backpulver
4–6 EL Milch
Butter und Semmelbrösel
  für das Backblech

FÜR DEN BELAG

2 Gläser Sauerkirschen

FÜR DEN GUSS

200 g Marzipanrohmasse
2 Eigelbe
1 Päckchen Vanillepuddingpulver
50 g Zucker
200 g Sahne

1 Margarine und Zucker schaumig rühren. Eier, Zitronenschale und Salz nach und nach zufügen.

2 Mehl mit Kakao und Backpulver vermischen und nach und nach, abwechselnd mit der Milch, unterrühren.

3 Ein Backblech einfetten und mit Semmelbröseln ausstreuen. Den Teig auf das Blech streichen. Kirschen abtropfen lassen und den Teig damit belegen. Backofen auf 175 °C vorheizen.

4 Für den Guss Marzipanrohmasse mit Eigelben, Puddingpulver, Zucker und Sahne zu einer geschmeidigen Masse verarbeiten und gleichmäßig auf die Kirschen streichen.

5 Den Kuchen im vorgeheizten Backofen (Umluft 155 °C, Gas Stufe 2) 45–50 Min. backen.

Mirabellen-Mohn-Kuchen

Zubereitungszeit: 30 Minuten
Marinierzeit: 1 Stunde
Backzeit: 40 – 50 Minuten

FÜR DEN TEIG

300 g weiche Butter
50 g Zucker
Saft und abgeriebene Schale von
  1 unbehandelten Zitrone
Mark von 1 Vanilleschote
9 Eier
200 g Mehl
300 g gemahlener Mohn
½ Päckchen Backpulver
Butter für das Backblech

FÜR DEN BELAG

1 kg Mirabellen
100 g geröstete Pistazienkerne
40 g Zucker
4 cl Mirabellengeist

1 Für den Teig die weiche Butter und den Zucker cremig rühren, bis sich der Zucker vollständig gelöst hat. Zitronensaft und -schale, Vanillemark sowie die Eier unter ständigem Weiterrühren nach und nach hinzufügen. Das Mehl mit Mohn und Backpulver vermischen, nach und nach unter die Schaummasse rühren.

2 Den Backofen auf 200 °C vorheizen. Für den Belag die Mirabellen entsteinen und mit Pistazien in einer Schüssel vermischen. Mit Zucker bestreuen und mit Mirabellengeist begießen. Zugedeckt 1 Std. marinieren.

3 Das Backblech einfetten oder mit Backpapier auslegen. Die Teigmasse auf das Blech streichen und mit der Frucht-Pistazien-Mischung belegen. Im vorgeheizten Backofen (Umluft 180 °C, Gas Stufe 3) 40 – 50 Min. backen.

Mohnschnitten

Zubereitungszeit: 40 Minuten
Gehzeit: 40 Minuten
Backzeit: 30 Minuten

Für den Teig

1 Würfel frische Hefe
50 g Zucker
200 ml lauwarme Milch
80 g Margarine
400 g Mehl
1 Päckchen Vanillezucker
1 Prise Salz
Butter für das Backblech
Mehl für die Arbeitsfläche

Für den Belag

¼ l (250 ml) Milch
120 g Zucker
300 g gemahlener Mohn
1 Päckchen Vanillepuddingpulver
½ TL gemahlener Zimt
5 Tropfen Bittermandelöl
50 g Rosinen
40 g gehackte Mandeln
1 Eigelb

1 Für den Vorteig die Hefe zerbröckeln und mit 1 TL Zucker in der Milch auflösen. Zugedeckt an einem warmen Ort 10 Min. gehen lassen.

2 Margarine zerlassen. Mit Mehl, restlichem Zucker, Vanillezucker und Salz in eine Schüssel geben. Hefemilch zufügen und verkneten. Zugedeckt an einem warmen Ort zur doppelten Größe aufgehen lassen.

3 Aus Milch, Zucker, Mohn, Puddingpulver, Zimt und Bittermandelöl nach Packungsanweisung einen Pudding kochen. Lauwarm abkühlen lassen. Ein Backblech einfetten oder mit Backpapier belegen. Ofen auf 175 °C vorheizen.

4 Teig nochmals kneten. ⅔ des Teiges auf einer bemehlten Arbeitsfläche ausrollen und auf das Backblech legen. Zugedeckt 15 Min. gehen lassen.

5 Rosinen auf dem Teig verteilen, Mohn darauf verstreichen und mit den Mandeln bestreuen. Restlichen Teig zu Kordeln drehen und auf den Belag legen.

6 Eigelb und 1 EL Wasser verquirlen. Die Kordeln damit bestreichen. Im vorgeheizten Backofen (Umluft 155 °C, Gas Stufe 2) 30 Min. backen.

Orangenkuchen

Zubereitungszeit: 50 Minuten
Kühlzeit: 30 Minuten
Backzeit: 30 Minuten

FÜR DEN KOKOSTEIG

250 g Mehl
70 g Zucker
50 g Kokosraspel
1 Prise Salz
150 g Margarine
Butter für das Backblech
Mehl für die Arbeitsfläche

FÜR DEN RÜHRTEIG

250 g weiche Margarine
200 g Zucker
4 Eier
abgeriebene Schale von 1 Orange
200 g Mehl
2 TL Backpulver
3 EL Orangensaft

ZUM BESTREICHEN

120 g Orangenkonfitüre
1 EL Orangensaft

ZUM TRÄNKEN

100 ml Orangensaft
1 EL Zitronensaft
2 EL Orangenlikör
30 g Puderzucker

FÜR DEN GUSS

100 g Puderzucker
3 EL Orangensaft

1 Für den Kokosteig Mehl, Zucker, Kokosraspel und Salz mischen, Margarine in Stückchen zugeben. Mit den Knethaken des Handrührgeräts zu einem glatten Mürbeteig verkneten. Zu einer Kugel formen, in Frischhaltefolie wickeln und im Kühlschrank 30 Min. ruhen lassen.

2 Ofen auf 200 °C vorheizen. Den Teig auf einer bemehlten Arbeitsfläche ausrollen. Backblech fetten oder mit Backpapier belegen. Den Teig auf das Backblech geben, mehrmals mit einer Gabel einstechen und im vorgeheizten Backofen (Umluft 180 °C, Gas Stufe 3) 10 Min. backen.

3 Für den Rührteig weiche Margarine und Zucker schaumig rühren, bis sich der Zucker vollständig gelöst hat. Nach und nach Eier und Orangenschale zugeben. Mehl mit Backpulver vermischen, mit Orangensaft unterrühren.

4 Orangenkonfitüre mit Orangensaft verrühren, auf den warmen Kokosboden streichen und den Rührteig darüber verteilen. Weitere 15 – 20 Min. backen.

5 Den warmen Kuchen mit einer Mischung aus Orangensaft, Zitronensaft, Orangenlikör und Puderzucker tränken und dann abkühlen lassen.

6 Puckerzucker mit Orangensaft verrühren, den Kuchen damit bestreichen (glasieren).

Pflaumenkuchen mit Vanilleschmand

Zubereitungszeit: 40 Minuten
Gehzeit: 1 Stunde
Backzeit: 50 Minuten

FÜR DEN TEIG

400 g Mehl
1 Päckchen Trockenhefe
1 Prise Salz
70 g Zucker
70 g weiche Butter
¼ l (250 ml) lauwarme Milch
Butter für die Fettpfanne
Mehl für die Arbeitsfläche

FÜR DEN BELAG

600 g Pflaumen oder Zwetschgen
1 Päckchen Sahnepuddingpulver
100 g Zucker
½ l (500 ml) Milch
500 g Schmand
2 Eier
2 Päckchen Vanillezucker

1 Für den Teig Mehl, Hefe, Salz, Zucker und Butter in einer Schüssel mischen. Die Milch zugeben und alles zu einem glatten Teig verkneten. Den Teig zugedeckt an einem warmen Ort etwa 1 Std. gehen lassen, bis sich sein Volumen verdoppelt hat.

2 Inzwischen die Pflaumen waschen, halbieren und entsteinen. Aus Puddingpulver, Zucker und Milch nach Packungsanweisung einen Pudding kochen. Eier trennen und Eigelbe, Schmand, restlichen Zucker und Vanillezucker unterrühren. Eiweiße steifschlagen und unterziehen.

3 Den Backofen auf 180 °C vorheizen. Den Hefeteig noch einmal mit den Händen kräftig durchkneten und ausrollen. Die Fettpfanne einfetten oder mit Backpapier belegen. Den Teig in die Fettpfanne geben, die Teigränder etwas hochziehen. Den Pudding auf den Boden streichen und mit Pflaumen belegen. Die Schmandcreme auf die Zwetschgen streichen.

4 Den Kuchen im vorgeheizten Backofen (Umluft 160 °C, Gas Stufe 2) auf der unteren Schiene 50 Min. backen. Nach der Hälfte der Backzeit eventuell mit Alufolie abdecken.

Rhabarberkuchen mit Baiser

Zubereitungszeit: 40 Minuten
Backzeit: 45 Minuten

FÜR DEN TEIG

250 g weiche Margarine
200 g Zucker
1 Päckchen Vanillezucker
1 Prise Salz
4 Eier
400 g Mehl
3 gestrichene TL Backpulver

FÜR DEN BELAG

1 ½ kg Rhabarber

FÜR DIE BAISERHAUBE

4 Eiweiße
150 g Zucker

1 Weiche Margarine, Zucker, Vanillezucker und Salz schaumig rühren, bis sich der Zucker vollständig gelöst hat. Eier nach und nach zufügen. Mehl und Backpulver mischen und esslöffelweise unterrühren. Rhabarber putzen, waschen und trockentupfen, in 3–4 cm lange Stücke schneiden.

2 Ofen auf 175 °C vorheizen. Ein Backblech einfetten oder mit Backpapier belegen. Teig auf das Blech streichen und gleichmäßig mit den Rhabarberstücken belegen. Den Kuchen im vorgeheizten Backofen (Umluft 155 °C, Gas Stufe 2) 35 Min. backen.

3 Für die Baiserhaube Eiweiße steifschlagen, dabei den Zucker langsam einrieseln lassen. Baisermasse in einen Spritzbeutel füllen und gitterförmig auf den vorgebackenen Rhabarberkuchen spritzen. Bei 200 °C (Umluft nicht empfehlenswert, Gas Stufe 3) weitere 10 Min. leicht bräunen.

Stachelbeerkuchen mit Streuseln

Zubereitungszeit: 40 Minuten
Kühlzeit: 30 Minuten
Backzeit: 45 Minuten

FÜR DEN TEIG

370 g Mehl
1 TL Backpulver
100 g Zucker
2 Eier
170 g Margarine
1 EL Milch
Butter und Semmelbrösel
 für die Fettpfanne
Mehl für die Arbeitsfläche

FÜR DEN BELAG

1 Ei
½ l (500 ml) Milch
2 Päckchen Sahnepuddingpulver
750 g Magerquark
300 g Zucker
2 Päckchen Vanillezucker
750 g Stachelbeeren

FÜR DIE STREUSEL

170 g Mehl
120 g Margarine
120 g Zucker

1 Mehl und Backpulver in einer Schüssel mischen. Zucker, Eier, Margarine in Stückchen und Milch dazugeben. Mit den Knethaken des Handrührgeräts rasch zu einem glatten Mürbeteig verkneten. Teig zu einer Kugel formen, in Frischhaltefolie wickeln und 30 Min. im Kühlschrank ruhen lassen.

2 Aus Milch, Puddingpulver und 175 ml Wasser nach Packungsanweisung einen festen Pudding kochen. Das Ei trennen. Das Eigelb zusammen mit Quark, Zucker und Vanillezucker unterrühren. Eiweiß steifschlagen und unterheben.

3 Ofen auf 225 °C vorheizen. Eine Fettpfanne einfetten und mit Semmelbröseln bestreuen. Den Mürbeteig auf einer bemehlten Arbeitsfläche 1 cm dick ausrollen. In die Fettpfanne legen. Die Käsecreme auf den Teig streichen, dann die Stachelbeeren darauf verteilen.

4 Mehl, Margarine, Zucker verkneten und die Streusel auf dem Kuchen verteilen. Im vorgeheizten Ofen (Umluft 200 °C, Gas Stufe 4) 45 Min. backen. Den Kuchen nach dem Backen langsam abkühlen lassen. Dafür den Kuchen entweder über Nacht im ausgeschalteten, geschlossenen Ofen abkühlen lassen oder die Tür nach dem Backen nur leicht öffnen.

Traubenhefefladen

Zubereitungszeit: 30 Minuten
Gehzeit: 1 Stunde
Backzeit: 35 Minuten

FÜR DEN TEIG

500 g Mehl
80 g Zucker
1 TL Salz
6 EL Olivenöl
½ Würfel frische Hefe
Butter für das Backblech
Mehl für die Arbeitsfläche

FÜR DEN BELAG

1 kg unbehandelte, blaue
  Weintrauben ohne Kerne

1 Mehl in eine Schüssel sieben. Mit 40 g Zucker und Salz bestreuen und 3 EL Öl beträufeln. In die Mitte eine Mulde drücken. Die Hefe in 300 ml lauwarmen Wasser auflösen und in die Mulde gießen. Alles zu einem klebrigen, rissigen Teig verarbeiten. Den Teig zu einer Kugel formen und zugedeckt an einem warmen Ort 30 Min. gehen lassen.

2 Anschließend den Teig auf einer leicht bemehlten Arbeitsfläche 10 Min. kräftig kneten und schlagen, bis er schön elastisch ist und nicht mehr klebt. Zu einer Kugel formen und zugedeckt weitere 30 Min. gehen lassen, bis sich sein Volumen verdoppelt hat.

3 Den Backofen auf 180 °C vorheizen. Das Backblech einfetten oder mit Backpapier auslegen. Die Trauben gründlich waschen, trockentupfen und die Beeren von den Stielen zupfen. Den Teig gut durchkneten und dann auf einer leicht bemehlten Arbeitsfläche zu einem dünnen Rechteck von 60 x 50 cm ausrollen.

4 Den Teig vorsichtig auf das Blech legen, so dass der Rand rundum gleichmäßig überlappt. ¾ der Weintrauben auf dem Teig verteilen, mit 20 g Zucker bestreuen und 1 ½ EL Öl beträufeln. Den überlappenden Teig zur Mitte hin über die Trauben schlagen, so dass diese vollständig bedeckt sind.

5 Die restlichen Trauben auf dem Teig verteilen und leicht eindrücken. Mit restlichem Zucker bestreuen und übrigem Öl beträufeln. Den Hefefladen im vorgeheizten Backofen (Umluft 160 °C, Gas Stufe 2) 20 Min. backen. Dann die Temperatur auf 150 °C (Umluft 130 °C, Gas Stufe 1) reduzieren und den Hefefladen noch weitere 15 Min. backen. Sollte die Oberfläche zu dunkel werden, den Fladen mit Alufolie abdecken.

Zwetschgendatschi

Zubereitungszeit: 30 Minuten
Gehzeit: 30 Minuten
Backzeit: 30 Minuten

FÜR DEN TEIG

½ Würfel frische Hefe
⅛ l (125 ml) lauwarme Milch
60 g Margarine
370 g Mehl
70 g Zucker
1 Prise Salz
½ TL abgeriebene, unbehandelte
  Zitronenschale
1 Ei
Butter für das Backblech
Mehl für die Arbeitsfläche

FÜR DEN BELAG

2 kg Zwetschgen
2–3 EL Zucker
1–2 TL gemahlener Zimt

1 Für den Vorteig zerbröckelte Hefe und 1 TL Zucker in der Milch auflösen. Zugedeckt an einem warmen Ort 10 Min. gehen lassen.

2 Margarine zerlassen. Mit Mehl, Zucker, Salz, Zitronenschale und Ei in eine Schüssel geben. Die Hefemilch zufügen und zu einem glatten Teig verkneten. Zugedeckt an einem warmen Ort zur doppelten Größe aufgehen lassen. Ofen auf 220 °C vorheizen.

3 Inzwischen die Zwetschgen waschen, halbieren und entsteinen. Backblech einfetten oder mit Backpapier belegen. Den Teig auf einer bemehlten Arbeitsfläche ausrollen, auf das Backblech legen und dabei einen Rand hochziehen. Zwetschgenhälften darauf verteilen. Im vorgeheizten Backofen (Umluft 200 °C, Gas Stufe 4) 30 Min. backen.

4 Zucker und Zimt mischen. 10 Min. vor Ende der Backzeit über den Kuchen streuen.

Käsekuchen, Donauwellen und andere Klassiker...

Käsekuchen

Zubereitungszeit: 30 Minuten
Gehzeit: 1 Stunde 20 Minuten
Backzeit: 20 Minuten

FÜR DEN TEIG

400 g Mehl
1 Päckchen Trockenhefe
70 g Zucker
1 Prise Salz
1 Ei
200 g Sahne
80 g zerlassene, abgekühlte Margarine
Butter für das Backblech
Mehl für die Arbeitsfläche

FÜR DEN BELAG

300 g Doppelrahm-Frischkäse
70 g Zucker
1 Päckchen Vanillezucker
2 Eigelbe
Saft und abgeriebene Schale von
  1 unbehandelten Zitrone
2 Eiweiße

FÜR DIE STREUSEL

300 g Mehl
150 g Zucker
150 g Margarine

1 Mehl mit Trockenhefe gut vermischen. Zucker, Salz, Ei, Sahne und Margarine zufügen und alles zu einem glatten Hefeteig verarbeiten. Zugedeckt an einem warmen Ort 1 Std. gehen lassen.

2 Frischkäse, Zucker, Vanillezucker, Eigelbe, Zitronensaft und -schale verrühren. Eiweiße steifschlagen und unter die Käsemasse heben. Ein Backblech einfetten oder mit Backpapier belegen. Ofen auf 200 °C vorheizen.

3 Teig auf einer bemehlten Arbeitsfläche ausrollen, auf das Backblech legen und mit der Käsemasse bestreichen. Mehl, Zucker und Margarine zu Streuseln verkneten, auf der Käsemasse verteilen, Teig weitere 20 Min. gehen lassen.

4 Käsekuchen im vorgeheizten Backofen (Umluft 180 °C, Gas Stufe 3) 20 Min. backen. Den Kuchen nach dem Backen langsam abkühlen lassen. Dafür den Kuchen entweder über Nacht im ausgeschalteten, geschlossenen Ofen abkühlen lassen oder die Tür nach dem Backen nur leicht öffnen.

Kirsch-Käse-Kuchen

Zubereitungszeit: 40 Minuten
Kühlzeit: 30 Minuten
Backzeit: 55 Minuten

FÜR DEN TEIG

400 g Mehl
½ TL Backpulver
200 g Zucker
2 Eier
150 g Margarine
Butter für das Backblech
Mehl für die Arbeitsfläche

FÜR DEN BELAG

½ l (500 ml) Milch
1 Päckchen Sahnepuddingpulver
200 g Zucker
2 Eier
500 g Quark (20 % Fett)
2 Päckchen Vanillezucker
2 EL Rum
750 g Sauerkirschen, entsteint

FÜR DIE STREUSEL

300 g Mehl
150 g Margarine
150 g Zucker

1 Mehl und Backpulver in einer Schüssel mischen. Zucker, Eier und Margarine in Stückchen dazugeben. Mit den Knethaken des Handrührgeräts rasch zu einem glatten Mürbeteig verkneten. Zu einer Kugel formen, in Frischhaltefolie wickeln und im Kühlschrank 30 Min. ruhen lassen.

2 Aus Milch, Puddingpulver und 3 EL Zucker nach Packungsanweisung einen festen Pudding kochen, erkalten lassen. Eier trennen. Eigelbe zusammen mit Quark, restlichem Zucker, Vanillezucker und Rum unterrühren. Eiweiße steifschlagen und unterheben.

3 Ofen auf 200 °C vorheizen. Ein Backblech einfetten oder mit Backpapier belegen. Den Teig auf einer bemehlten Arbeitsfläche ausrollen, auf das Blech legen und im vorgeheizten Backofen (Umluft 180 °C, Gas Stufe 3) 10 Min. vorbacken. Kirschen darauf verteilen und mit der Käsecreme bestreichen.

4 Mehl, Margarine und Zucker zu Streuseln verarbeiten, über die Käsecreme streuen und weitere 45 Min. backen. Den Kuchen nach dem Backen langsam abkühlen lassen. Dafür den Kuchen entweder über Nacht im ausgeschalteten, geschlossenen Ofen abkühlen lassen oder die Tür nach dem Backen nur leicht öffnen.

Aprikosen-Quark-Kuchen

Zubereitungszeit: 40 Minuten
Backzeit: 25 Minuten

FÜR DEN TEIG

150 g Magerquark
3 EL Milch
1 Ei
6 EL Öl
300 g Mehl
1 Päckchen Backpulver
70 g Zucker
2 TL Vanillezucker
1 Prise Salz
Butter für das Blech
Mehl für die Arbeitsfläche

FÜR DEN BELAG

2 große Dosen Aprikosen
500 g Quark (20 % Fett)
½ Päckchen Vanillepuddingpulver
100 g Zucker
2 EL Vanillezucker
4 EL Milch
50 g Mandelstifte

1 Den Backofen auf 200 °C vorheizen. Quark, Milch, Ei und Öl verrühren. Mehl und Backpulver vermischen und zusammen mit Zucker, Vanillezucker und Salz zur Quark-Öl-Mischung geben. Gut miteinander verrühren. Ein Backblech einfetten oder mit Backpapier auslegen.

2 Den Teig auf einer bemehlten Arbeitsfläche ausrollen und auf das Backblech legen. Dabei einen Rand formen. Für den Belag die Aprikosen abtropfen lassen. Quark, Puddingpulver, Zucker, Vanillezucker und Milch verrühren. Die Quarkmasse auf dem Teig verteilen und mit den Aprikosen belegen.

3 Den Kuchen mit Mandelstiften bestreuen und im vorgeheizten Backofen (Umluft 180 °C, Gas Stufe 3) etwa 25 Min. backen. Den Kuchen nach dem Backen langsam abkühlen lassen. Dafür den Kuchen entweder über Nacht im ausgeschalteten, geschlossenen Ofen abkühlen lassen oder die Tür nach dem Backen nur leicht öffnen.

Großmutters Sonntagskuchen

Zubereitungszeit: 30 Minuten
Backzeit: 30 Minuten

FÜR DEN TEIG

150 g weiche Butter
250 g Zucker
4 Eier
250 g Mehl
3 EL Kakaopulver
1 Päckchen Backpulver
$\frac{1}{8}$ l (125 ml) frisch gekochter,
  starker Kaffee, abgekühlt
Butter für das Backblech

FÜR DEN BELAG

600 g Sahne
3 Päckchen Sahnesteif
200 g Schmand
1 Päckchen Vanillezucker

FÜR DIE STREUSEL

100 g Butter
300 g gemahlene Haselnüsse
100 g Puderzucker
Kakaopulver zum Bestäuben

1 Ofen auf 160 °C vorheizen. Butter und Zucker schaumig rühren bis sich der Zucker gelöst hat. Eier nach und nach zugeben und gut unterrühren. Mehl, Kakao und Backpulver mischen und abwechselnd mit dem abgekühlten Kaffee unterrühren.

2 Ein Backblech einfetten oder mit Backpapier belegen. Den Teig auf das Blech streichen. Im vorgeheizten Ofen (Umluft 140 °C, Gas Stufe 1) 30 Min. backen, abkühlen lassen.

3 Die Sahne mit dem Sahnesteif steifschlagen. Den Schmand mit dem Vanillezucker unterheben und auf den abgekühlten Kuchen streichen.

4 Butter, Haselnüsse und Puderzucker zu Streuseln verarbeiten. Auf der Sahne verteilen und mit etwas Kakaopulver bestäuben.

Donauwellen

Zubereitungszeit: 50 Minuten
Backzeit: 30 Minuten

FÜR DEN TEIG

370 g weiche Margarine
250 g Zucker
7 Eier
250 g Mehl
2 TL Backpulver
1 EL gehackte Mandeln
2 EL Kakaopulver
2 – 3 EL Milch
1 Glas Sauerkirschen
Butter für die Fettpfanne

FÜR DEN BELAG

1 Päckchen Vanillepuddingpulver
½ l (500 ml) Milch
1 EL Zucker
1 Päckchen Vanillezucker
150 g weiche Margarine
4 EL Puderzucker

FÜR DIE GLASUR

200 g dunkle Kuvertüre
40 g Kokosfett

1 Margarine und Zucker schaumig schlagen, bis sich der Zucker vollständig gelöst hat. Eier nach und nach dazugeben. Mehl und Backpulver mischen und unterrühren. Teig halbieren. Eine Hälfte mit gehackten Mandeln, die andere mit Kakao und Milch verrühren.

2 Backofen auf 175 °C vorheizen. Die Fettpfanne mit Butter einfetten oder mit Backpapier auslegen. Zuerst den hellen Teig darauf verstreichen, danach den dunklen Teig. Kirschen abtropfen lassen und darüber verteilen. Kuchen im vorgeheizten Backofen (Umluft 155 °C, Gas Stufe 2) 30 Min. backen. In der Fettpfanne erkalten lassen.

3 Aus Puddingpulver, Milch, Zucker und Vanillezucker nach Packungsanweisung einen Pudding kochen, dann erkalten lassen. Weiche Margarine und Puderzucker schaumig schlagen. Vanillepudding esslöffelweise unterrühren. Vanillecreme auf den Kuchen streichen und kalt stellen.

4 Kuvertüre und Kokosfett im heißen Wasserbad schmelzen und gut verrühren. Glasur auf den Kuchen streichen. Solange die Glasur noch feucht ist, mit einer Gabel oder einem Tortenkamm ein Wellenmuster in die Oberfläche ziehen.

Saftiger Schokoladenkuchen

Zubereitungszeit: 20 Minuten
Backzeit: 20 Minuten

FÜR DEN TEIG

250 g Butter
250 g Zartbitterschokolade
6 Eier
200 g Zucker
250 g gemahlene Mandeln
100 g Mehl
Puderzucker zum Bestäuben
Butter für das Backblech

1 Butter und Schokolade unter Rühren in einem Topf schmelzen lassen. Abkühlen lassen.

2 Eier und Zucker schaumig schlagen, bis sich der Zucker vollständig gelöst hat. Die abgekühlte Butter-Schokoladen-Mischung dazugeben. Mandeln und Mehl mischen und gut unterrühren.

3 Backofen auf 180 °C vorheizen. Ein Backblech einfetten oder mit Backpapier belegen. Die Teigmasse auf das Blech streichen. Den Kuchen im vorgeheizten Backofen (Umluft 160 °C, Gas Stufe 2) 20 Min. backen. Vor dem Servieren mit Puderzucker bestäuben.

Spiegeleierkuchen

Zubereitungszeit: 30 Minuten
Backzeit: 25 Minuten

FÜR DEN TEIG

250 g weiche Margarine
200 g Zucker
4 Eier
370 g Mehl
2 TL Backpulver
5 EL Milch
Butter für das Backblech

FÜR DEN BELAG

150 g Crème fraîche
2 EL Puderzucker
5 EL Sahne
1 kleine Dose Aprikosen
2 EL gehackte Pistazien

1 Margarine und Zucker schaumig schlagen, bis sich der Zucker gelöst hat. Dann die Eier nacheinander dazugeben und schaumig schlagen. Mehl und Backpulver mischen und abwechselnd mit der Milch unter den Teig rühren.

2 Ofen auf 175 °C vorheizen. Das Backblech einfetten oder mit Backpapier belegen. Teigmasse auf das Blech streichen und im vorgeheizten Backofen (Umluft 155 °C, Gas Stufe 2) 20 – 25 Min. backen. Auskühlen lassen.

3 Crème fraîche und Puderzucker verrühren. Sahne steifschlagen und unterziehen. Creme als Kleckse auf dem Kuchen verteilen. Aprikosenhälften als „Eigelb" auf die Creme legen. Kuchen mit gehackten Pistazienkernen bestreuen.

Prasselkuchen

Zubereitungszeit: 20 Minuten
Backzeit: 20–25 Minuten

FÜR DEN TEIG

1 Paket Tiefkühl-Blätterteig (450 g)
120 g Aprikosenkonfitüre

FÜR DIE STREUSEL

70 g Margarine
120 g Mehl
2 TL Speisestärke
100 g Zucker
1 Prise Salz
$\frac{1}{2}$ TL gemahlener Zimt

1 Die aufgetauten Blätterteigscheiben quer halbieren und rundherum am Rand im Abstand von $\frac{1}{2}$ cm etwa 1 cm tief einkerben.

2 Aprikosenkonfitüre mit dem Pürierstab pürieren. Die Konfitüre auf die Teigstücke streichen. Darauf achten, dass die Teigränder nicht mit Konfitüre verkleben, sonst kann der Blätterteig nicht aufgehen.

3 Backofen auf 220 °C vorheizen. Margarine zerlassen und etwas abkühlen lassen. Mehl, Speisestärke, Zucker, Salz und Zimt in einer Schüssel mischen. Margarine langsam dazugießen. Alles zu einem krümeligen Teig verkneten.

4 Die Teigstücke mit den Streuseln belegen und auf ein mit kaltem Wasser abgespültes Backblech legen. Im vorgeheizten Backofen (Umluft 200 °C, Gas Stufe 4) in 20–25 Min. goldbraun backen. Vom Backblech nehmen und auskühlen lassen.

Schokowürfel mit Walnüssen

Zubereitungszeit: 40 Minuten
Backzeit: 15 Minuten

FÜR DEN TEIG

400 g Zartbitterschokolade
4 Eier
360 g Zucker
90 g weiche Butter
120 g Mehl
160 g gemahlene Walnusskerne
Butter für das Backblech

FÜR DIE GLASUR

150 g Zartbitterschokolade
130 g Puderzucker
10 g Butter
150 g Walnusskerne zum Garnieren

1 Die Schokolade in kleine Stücke brechen, mit 4 EL Wasser in ein kleines Gefäß geben und im Wasserbad schmelzen. Bei schwacher Hitze warm halten, aber nicht kochen lassen.

2 Eier und Zucker zu einer weißen Creme schlagen, bis der Zucker gelöst ist. Die Butter in der warmen Schokoladensauce unter Rühren auflösen und zur Eiercreme geben. Das Mehl über die Creme sieben und mit den Nüssen darunterziehen.

3 Ofen auf 170 °C vorheizen. Ein Backblech einfetten oder mit Backpapier belegen. Die Masse 2 cm hoch auf das Blech streichen und im vorgeheizten Backofen (Umluft 150 °C, Gas Stufe 1) 15 Min. backen.

4 Für die Glasur Schokolade mit 4 EL Wasser im Wasserbad schmelzen, den gesiebten Puderzucker und die Butter hinzufügen und gut vermischen.

5 Den Biskuit aus dem Ofen nehmen, ein wenig abkühlen lassen und noch lauwarm mit einem scharfen Messer in 3–4 cm große Würfel schneiden. Diese mit der Glasur bestreichen und mit je einem halben Walnusskern belegen.

Haselnussschnitten

Zubereitungszeit: 30 Minuten
Kühlzeit: 30 Minuten
Backzeit: 20 – 30 Minuten

FÜR DEN TEIG

500 g Mehl
½ TL Backpulver
150 g Zucker
1 Prise Salz
250 g Butter
1 Ei
Butter für das Backblech
Mehl für die Arbeitsfläche

FÜR DEN BELAG

4 EL Himbeerkonfitüre
250 g Butter
200 g Zucker
600 g gemahlene Haselnüsse
1 Eigelb
1 – 2 EL Milch

1 Mehl und Backpulver in einer Schüssel mischen. Zucker, Salz, Butter in Stückchen und das Ei dazugeben. Mit den Knethaken des Handrührgeräts rasch zu einem glatten Mürbeteig verkneten. Zu einer Kugel formen, in Frischhaltefolie wickeln und im Kühlschrank 30 Min. ruhen lassen.

2 Ein Backblech einfetten oder mit Backpapier belegen. Gut ⅔ des Teiges auf einer bemehlten Arbeitsfläche ausrollen und auf das Blech legen. Die Konfitüre leicht erwärmen und den Teig damit bestreichen.

3 Die Butter mit 60 ml Wasser aufkochen, Zucker und Nüsse unterrühren. Die Masse gleichmäßig auf dem Teig verteilen.

4 Backofen auf 175 °C vorheizen. Den restlichen Teig ausrollen, mit einem Backrädchen oder einem Messer in Streifen schneiden und gitterförmig auf die Haselnüsse legen. Das Eigelb mit der Milch verquirlen und die Streifen damit bestreichen. Im vorgeheizten Backofen (Umluft 155 °C, Gas Stufe 2) 20 – 30 Min. backen.

Mandarinen-Joghurt-Kuchen

Zubereitungszeit: 40 Minuten
Backzeit 10 Minuten

Für den Teig

5 Eier
150 g Zucker
150 g Mehl
1 Msp. Backpulver
1 TL abgeriebene, unbehandelte
 Zitronenschale
Butter für das Backblech

Für den Belag

9 Blätter Gelatine
600 g Sahne
100 g Puderzucker
1 Päckchen Vanillezucker
600 g Joghurt (1,5 % Fett)
1 kleine Dose Mandarinen

1 Eier und Zucker kräftig verschlagen, bis sich der Zucker vollständig gelöst hat. Mehl und Backpulver mischen, zusammen mit der Zitronenschale nach und nach zugeben und sorgfältig unterrühren.

2 Ofen auf 170 °C vorheizen. Ein Backblech einfetten oder mit Backpapier belegen. Den Teig auf das Blech streichen und im vorgeheizten Backofen (Umluft 150 °C, Gas Stufe 1) 10 Min. backen.

3 Die Gelatine 5 Min. in kaltem Wasser einweichen, ausdrücken und mit 2 EL Joghurt in einem kleinen Topf bei geringer Hitze erwärmen bis sie sich gelöst hat. Den restlichen Joghurt mit Puderzucker und Vanillezucker verrühren. Davon zunächst 2−3 EL in die Gelatinemasse rühren, dann diese in den übrigen Joghurt rühren. Kühl stellen.

4 Die Mandarinen in einem Sieb abtropfen lassen. Sahne steifschlagen. Wenn die Joghurtmasse zu gelieren beginnt, esslöffelweise unter die Sahne rühren. Die Creme auf dem Kuchen verstreichen und nach Belieben mit Mandarinen verzieren.

So gelingt der Teig: Die Grundrezepte

Biskuit

Luftig, leicht und locker – so soll Biskuitgebäck sein. Bei der Teigzubereitung spielen deshalb Mehl und Fett auch nur eine Nebenrolle. Die Hauptzutaten sind Eier – und ganz viel Luft! Sie sollten also versuchen, möglichst viele Luftbläschen in die Masse zu praktizieren. Am besten schlagen Sie Eigelb und Eiweiß separat auf, dann gerät das Gebäck später besonders locker.

Geben Sie Zucker, eine Prise Salz oder einige Spritzer Zitronensaft zum Eiweiß, so wird es schön steif. Der Schneebesen und die Schüssel müssen vollkommen fett- und wasserfrei sein. Schlagen Sie den Eischnee mit dem Schneebesen eines Handrührgeräts oder einer Küchenmaschine erst bei mäßiger, dann bei hoher Geschwindigkeit. Der Eischnee ist steifgeschlagen, wenn Spitzen stehen bleiben und das Eiweiß stumpf aussieht. Mit einer leistungsstarken Küchenmaschine können Sie die ganzen Eier mit Zucker auch in einem Arbeitsgang aufschlagen. Das Gebäck gerät dann elastischer und weniger porös.

Abb. 1: Die Eiweiße zu Schnee schlagen, dabei nach und nach den Zucker einrieseln lassen.

Abb. 2: Mehl und Stärke unter die Eimasse heben.

Dobos

Ein einfacher Biskuit ohne Fett, auch Dobos genannt, enthält nur vier Zutaten:

4 Eier
120 g feiner Zucker
70 g Mehl
50 g Speisestärke

1 Eier trennen. Eiweiße steifschlagen, Zucker einrieseln lassen und weiterschlagen, bis der Eischnee fest geworden ist (Abb. 1).

2 Die Eigelbe zum Eischnee geben und kurz untermischen. Nicht lange rühren, sonst entweicht die hineingeschlagene Luft wieder.

3 Mehl und Speisestärke auf die Eimasse sieben und mit einem langen Holzlöffel locker unterheben. Nicht rühren, damit möglichst viel Luft in der Masse bleibt (Abb. 2).

Wiener Masse

Für die gehaltvollere Wiener Masse benötigen Sie zusätzlich 50 g flüssige Margarine. Das Gebäck bleibt dadurch ein bis zwei Tage länger frisch und schmeckt „saftiger".

4 Eier
120 g feiner Zucker
50 g flüssige Margarine
70 g Mehl
50 g Speisestärke

1 Eier trennen. Eiweiße steifschlagen, bis der Eischnee fest geworden ist.

2 Eigelbe und – pro Ei – 1 EL Wasser aufschlagen. Den Zucker einrieseln lassen und dabei weiterschlagen.

3 Heiße Margarine unter ständigem Schlagen in die Eicreme gießen. Eischnee, Mehl und Speisestärke auf die Masse geben.

4 Alles mit einem langen Holzlöffel locker vermischen. Wichtig: Nicht rundherum rühren, sondern gleichmäßig durch die Schichten fahren.

Hefeteig

Viele Wege führen zu lockerem, duften-
dem Hefegebäck. Doch immer gilt: Hefeteig muss „gehen"! Auf Trab bringen ihn
Hefepilze, die – behandelt man sie für-
sorglich – den Teig lockern und in die
Höhe treiben.

Damit der Prozess in Gang kommt, benötigt die Hefe Feuchtigkeit, Mehl und
Zucker als „Futter" und etwas Zeit. Wie lange es
dauert, bis der Teig „geht", sich also die Hefe entwickelt, hängt von der Temperatur ab. Am schnellsten
geht es bei lauer Wärme, etwa bei Körpertempera-
tur. Steht der Teig kühl oder bei Zimmertemperatur,
dauert es länger. Wenn Sie Vor- und Hauptteig im
Ofen bei kleinster Temperatur gehen lassen, geht
Hefeteig gut auf. Am besten nehmen Sie dafür eine
Metallschüssel. Sie leitet die Wärme gut zum Teig.

*Abb. 1: Den Teig kneten bis er glatt und
trocken ist. Falls der Teig zu fest wird,
etwas Milch zugeben. Sollte der Teig zu
weich sein, etwas Mehl hinzufügen.*

*Abb. 2: Den Hefeteig nach dem Gehen noch einmal
druchkneten und erneut ruhen.*

Grundrezept Hefekuchen

Ein verlässliches, vielseitig verwendbares Grundrezept für Hefekuchen enthält folgende Zutaten:

½ Würfel frische Hefe oder
  1 Päckchen Trockenhefe
etwa ¼ l (250 ml) lauwarme Milch
500 g Mehl
40 g Zucker
1 Prise Salz
60 g zerlassene Margarine

Wer zusätzlich ein Ei nehmen möchte, gibt es beim Abmessen der Milch mit in den Messbecher. Dann bleibt das richtige Verhältnis von Mehl und Flüssigkeit bestehen.

1 Die Hefe in der im Rezept angegebenen Menge Flüssigkeit auflösen. So verteilt sich die Hefe gut im Teig und lockert ihn gleichmäßig.
Trockenhefe kann mit Mehl vermischt gleich in den Teig geknetet werden. Oder vorher mit Flüssigkeit und 1 Prise Zucker kurz gehen lassen.

2 Zutaten mit den Knethacken des Handrührers oder in der Küchenmaschine 5 – 10 Min. unterkneten bis sich der Teig zu einem Ball formt und sich vom Schüsselboden löst (Abb. 1).

3 Teig aus der Schüssel nehmen und auf der bemehlten Arbeitsfläche mit den Händen gut durchkneten.

4 Jetzt braucht der Teig Zeit zum Gehen. Bei Zimmertemperatur entwickelt er sich langsam und gleichmäßig. Schneller geht es nahe der Heizung – nicht auf der Heizung! Oder im Backofen bei kleinster Temperatur.

5 Wenn sich das Volumen in etwa verdoppelt hat, den Teig noch einmal durchkneten. Vor dem Formen kurz ruhen lassen, damit er sich entspannt (Abb. 2).

MÜRBETEIG

Überall in der westlichen Welt gehört ein Mürbeteig zur guten Hausbäckerei. Kein Wunder, denn er ist schnell und problemlos zu kneten und dabei ausgesprochen vielseitig verwendbar. Methoden und Rezepte sind allerdings so variabel, dass ganz unterschiedliche Teige entstehen können, die dennoch gemäß ihrer knusprig-zarten und etwas bröckeligen Beschaffenheit echte Mürbeteigböden sind.

Ein typischer Mürbeteig enthält im Schnitt etwa doppelt so viel Mehl wie Fett und gelingt mit der Maschine fast ebenso gut wie nach den traditionellen Methoden für gehackten und geriebenen Teig.

Abb. 1: Mehl und Margarine zu Bröseln zerreiben.

Grundrezept Mürbeteig

250 g Mehl, 120 g gekühlte Margarine
60 g feiner Zucker, 1 Prise Salz, 1 Ei

Gehackter Teig
1 Gekühlte Margarine in Stückchen mit Mehl, Salz, Zucker und Ei in die Schüssel geben. Mit zwei Messern kreuzweise durch die Zutaten schneiden.

2 Wenn erbsengroße Krümel entstanden sind, alles mit den Händen zusammendrücken. Nicht mehr kneten, sonst wird der Teig zäh.

Geriebener Teig
1 Mehl und gut gekühlte Margarine mit den Fingerspitzen zu Bröseln zerreiben (Abb. 1).

2 Das vorher gut verquirlte Ei auf die Teigbrösel gießen und alle Zutaten mit einer Gabel vermischen.

3 Die krümeligen Zutaten mit den Händen zusammenschieben und zu einer Kugel formen. Dabei aber nicht zu stark kneten.

Mit dem Handrührer/der Küchenmaschine
1 Ungekühlte Margarine nehmen und alle Zutaten kurz mit den Knethaken vermischen. Dann mit den Händen zu einer Kugel zusammenschieben.

RÜHRTEIG

Der üppige Pfundkuchen stand schon in den Rezept-büchern unserer Urgroßmütter. Sein Teig besteht zu gleichen Teilen aus Fett, Zucker, Eiern, Mehl und kommt – luftig aufgeschlagen – ohne Backpulver und ohne Flüssigkeit aus. Früher wurde als Maß das Pfund, also 500 g gewählt. Sie können aber auch das Gewicht der Eier als Grundlage nehmen: 3 Eier wie-gen etwa 200 g. Dazu kommen dann je 200 g Marga-rine, Zucker und Mehl. Wie es geht, zeigen die Arbeitsschritte 1 und 2.

Ein moderner Rührteig enthält weniger Fett, Zucker und Eier, aber dafür Backpulver und Milch. Er ist kalorienärmer und schneller angerührt. Beachten Sie, dass der zugegebene Zucker während des Schlagens immer vollständig gelöst wird. Wenn Sie besonders feinen Backzucker oder Puderzucker nehmen, geht es schneller und das Gebäck wird schon luftig und locker.

Grundrezept Rührteig

250 g Margarine, 250 g feiner Zucker, 4 Eier
500 g Mehl, 1 Päckchen Backpulver
etwa $\frac{1}{8}$ l (125 ml) Milch

Sie können den Teig mit den Quirlen des Handrührers oder in der Küchenmaschine verarbeiten.

Pfundkuchen-Teig
1 Die Margarine und $\frac{2}{3}$ des Zuckers schla-gen, bis sich der Zucker gelöst hat. Eier trennen. Die Eigelbe unterrühren.

2 Mehl auf die Eiercreme sieben. Eiweiße mit dem restlichen Zucker zu steifem Schnee schlagen und alles locker unter-heben.

Teig mit Backpulver
1 Margarine mit Zucker aufschlagen. Die Eier abwechselnd mit dem Mehl zugeben. Flüssigkeit nach und nach zufügen.

2 Der Teig soll beim Herausziehen der Quirle schwer reißend in die Schüssel zurückfallen. Bleibt der Teig hängen, braucht er mehr Flüssigkeit.

In der Küchenmaschine
1 Fett, Eier und Zucker 1 Min. auf hoher Stufe schlagen. Mehl, Backpulver und Flüssigkeit bei mittlerer Geschwindigkeit kurz untermischen.

2 Schokoladenstücke oder Trockenfrüchte kommen immer erst zum Schluss in den Teig. Diese Zutaten nur kurz untermi-schen.

ALPHABETISCHES REZEPTREGISTER

Alphabetisches Sachwortregister

IMPRESSUM

ISBN: 978-3-8094-2533-5

Umschlaggestaltung: Epsilon 2, Kirchhain
Layout und Satz: Epsilon 2, Kirchhain
Bildredaktion: Elisabeth Franz
Fotos: Bassermann Verlag 2, 11, 17, 19, 23, 27, 31, 35, 41, 43, 49, 51, 53, 59, 67, 73, 75, 77, 79, 81, 85,
87 (Karl Newedel); Falken Verlag 37 (TLC); Mosaik Verlag 13, 45, 55, 63 (Brauner); 83 (Feuz); 39, 47,
57, 69 (Köhnen); 61 (Newedel); 21, 25, 33, 88, 90, 92 (Teubner); Südwest Verlag 15, 71 (Kerth)
Redaktion: Jacqueline Böttcher, München
Projektleitung: Anja Halveland

Reproduktion: Artilitho, Lavis (Trento)
Druck und Verarbeitung: Mohn media Mohndruck GmbH, Gütersloh

Printed in Germany

817 2635 4453 62

Mix
Produktgruppe aus vorbildlich
bewirtschafteten Wäldern und anderen
kontrollierten Herkünften
www.fsc.org Zert.-Nr. SGS-COC-001425
© 1996 Forest Stewardship Council
FSC

Verlagsgruppe Random House
FSC-DEU-0100

Das FSC-zertifizierte Papier *Profibulk* für dieses Buch wurde produziert von Sappi Alfeld und geliefert
durch die IGEPA